A Collection of Poems

Le Recueil des Poèmes

KAUVEH RUSTA

This is a work of nonfiction.

Ordering Information:

Prime Seven Media
518 Landmann St.
Tomah City, WI 54660

Printed in the United States of America

شاید؟

نه،

شاید دیگر هیچ باشد

زندگی،

نه حتی دیگر فروغ افروختن یک سیگار،

بل شاید

خاموشی آن

در قعر لحظات گمشده.

چنگ و دندان شاید

به نفسی

حتی به دم مرگ زا،

آی زمین

ای چرکین زیر سیگاری

مملو و

متغفن

25/03/1988

Bruxelles

Maybe?

Maybe there's nothing

in life.

No,

Not even lighting up a cigarett

Yes maybe

The silence of it

is drowned, lost in moments..

Maybe

A stuggling breath comes

grapps led, tooth and nail

Even a breath, deadly..

Ah universe, oh cosmos

Oh the dirt in my ash-tray

Only fall

Put to rest..

25/03/1988

Bruxelles

Non peut-être.

Non,

peut-être que cela n'est plus rien

la vie.

même pas la brillance aveuglante

d'allumer une cigarette,

mais son étouffement

au fond des moments perdus.

bec et ongle pour survivre

une respiration

mortelle.

Bruxelles, 25/03/1988

چاره کار

کارها را چاره دیگری باید

مضمونها را شکا دیگری باید

.شکلها را رنگهای دگر

شاهراه ها را راه های دیگری باید

راه ها را

کوچه پس کوچه های دگر

1979

Solution

Other solutions ought to be found.

Other themes must be weighed.

Other shapes needs be coloured,

but in other hues..

Other highways must be chosen.

Road after road,

alley after alley..

1979

Téhéran

Les solutions-la resolution

faut d'autres solutions

à ces travaux.

d'autres contenus

à ces formes.

d'autres couleurs

à ces formes.

d'autres issues

à ces routes.

d'autres ruelles

à ces issues.

Téhéran, 1979

قبل از طوفان

آرامش قبل از طوفان

خزیدن پرنده

برگ را انکار مرگ رنگ

سقوط جلبک وار ماهی در دل آب

و اندوه میمونوار انسان

آه!

1990

Bruxelles

Before the Storm

Quiet before the storm,

crawling of the bird..

The leaf,

finally facing its inevitable colour

of death...

The fish in water,

falling...

Falling as the algae in the pond.

And the memo takes sadness

of the human

Sigh...

1990

Bruxelles

Le calme avant la tempête.

le silence avant l'orage,

le rampement de l'oiseau,

la feuille

qui nie la mort de la couleur,

le poisson

qui chute dans l'eau comme une algue,

et enfin vient

la tristesse de l'homme

comme du singe.

Oh.

Téhéran,1979

زمستان

آغازی سرد است و لیک

آنجا

بر اوج آبی و رفیع یک درخت

پیربرگی تنها

در انتظار مرگی زرد

باور زمستان را

سرسبزانه

انکار میکند.

1993

Bruxelles

Winter

This is a cold start yet,

There..

Near the blue blue pond,

high upon a tree,

An old grand leaf stands,

Proud, and alone.

Waiting upon a yellow death.

His denial in winter,

nonetheless,

Ever so green...

1993

Bruxelles

Croire à l'hiver.

l'aube fut froide,

mais tout là bas,

au sommet bleuté d'une vielle arbre,

une feuille solitaire,

dans l'attente d'une mort fauve,

vertement nie

l'existence de cet hiver.

آخرین وداع

قلب من

در قفس تنگ سینه سخت به درد میاید

در آخرین وداع با وطن.

ایران من ای مرز و بوم آریا

تو را بدست پاک مسیحا سپردم

چرا که آن دست و دم شفابخش

همواره به یکسان گشته بوده

هست

و خواهد بود.

این است راز جاودانگی او

و راز جاودانگی ما در او

تو را بدست مسیح آریایی

مانی پیامبر

پیامبر پاک سرشت میسپارم

تا از سیطره اهریمن درآیی

و تا ابدالآباد آباد مانی

این است راز جاودانگی او

و راز جاودانگی ما در او

رنگها بدین سان پرجلوه میگردند و

پل های پشت سر خراب

تا چاپاری تیزتک

مژده رسان ارژنگی نوین باشد

در آمیزه ای نو از مضمون و شکل

آمین و ..آه

01/05/2009

Bruxelles

The Final Farewell

My heart

too vast for my cheat,

filled with pain,

in its final farewell with

My Home,

My Iran...

You, only know of my ways,

within my border,

Oh.. My word...

Oh.. My words...

Please Messiah,

keep my Iran safe.

Please keep your innocent healing hands,

over my home.

As you always have.

As I know you do.

And as I know deep within,

that you always will.

This,

is the secret to my Iran's forever.

And this,

is the secret of our forever Iran

Iran..

I leave you to the Persian Messiah,

To Mani, our Prophet,

To our good and pure propher
of nature,
until you are out of
The domination of the devil..
And then,
forever,
stay forever green.
This,
is the secret of my Iran's forever.
This,
is the secret of our forever in Iran.

Colours will then look brighter,
only this way.

Bridges are destroyed behind
my feet,
until a messenger comes along
Hurridly..
Giving the wonderful news
of a new era at home,
with a completely new theme,
and form.

And I will the say amen.
And I will sigh..
But for now,
I leave my home,
with a sigh..

01/05/2009
Bruxelles

Le dernier adieu

Mon cœur

trop vaste pour ma maigre poitrine,

brûle et est rempli de douleur,

dans son dernier adieu à

Ma patrie,

Mon Iran...

hey,

Toi seule connais mes chemins,

à l'intérieur de mes frontières,

Oh... Ma parole...

Oh.. Mes mots...

Je t'en prie Messie,

garde mon Iran en sécurité.

Je t'en prie, garde tes mains innocentes et guérisseuses,

sur ma patrie.

Comme tu l'as toujours fait.

Comme je sais que tu le fais.

Et comme je sais au plus profond de moi,

que tu le feras toujours.

Céci,

est le secret de l'éternité de mon Iran.

Et ceci,

est le secret de notre Iran éternel

L'Iran..

Je te laisse au Messie Persan,

À Mani, notre Prophète,

À notre bon et pur prophète

en sa nature,

jusqu'à ce que tu sois libéré

De la domination du démon..

Et alors,

pour toujours,

reste à jamais verdoyant.

Céci,

est le secret de l'éternité de mon Iran.

Céci,

est le secret de notre éternité en Iran.

Les couleurs apparaîtront alors plus vives,

seulement ainsi.

Les ponts sont détruits derrière

mes pas,

jusqu'à ce qu'un messager vienne

Précipitamment..

Donnant la merveilleuse nouvelle

d'une nouvelle ère au pays,

avec un thème et une forme

entièrement neufs.

Et je dirai amen.

Et je soupirai..

Mais pour l'instant,

je quitte ma patrie,

avec un soupir..

Oh.

Bruxelles 01/05.2009

پتیاره گان

آنها کره ارض را در اختیار گرفتند

آنها کشوری را قبضه کرده اند

آنها شهری را

قصبه ای را قصبه من

قصبه احساس ،اعتقاد و ریشه هایم را

شاید که از حرفه عنگبوتی خود دست بردارید

اما

از ما دور باشید ای توابان

ای خائنان آینده به هستی

چرا که از شما دست برنخواهم داشت.

هنوز چرک و عفن

از پستانها و ساق هایتان جاری ست

دور از قصبه ام

دور از شهرم

دور از میهنم

بدون بازگشت

بدرود بگویید با زمین

ای پتیاره گان آراسته.

25/08/2007

Anvers

Hyenas

Frighteningly global

They have now

confiscated my country

They are within the big city..

They are now

in a little town

The little town of my feelings..

Now, in the little town of my beliefs..

Now trying to poison my roots...

Stop!

Stop being such spider-like creatures..

I want the away

Far away

Be away with you!

You Traitors

ro the future of life.

You will not stop, I know this..

So I will not stop,

Fighting you,

Standing up against you.

You are the hyenas

that feed infection to the poor

You feed them with diseases and mildew

wherever you go

Away with you from my towns,

Leave my big cities,

Keep your distance

from my Home

My Country,

Just say your goodbyes,

and never return.

Say your farewells,

With our enire planet

You snappy, sharply dressed

Hyenas...

25/08/2007

Anvers

Les petasses.

Effroyablement mondiales

Elles ont maintenant

confisqué mon pays,

Elles sont dans les grandes villes..

Elles sont maintenant

dans une petite ville

La petite ville de mes sentiments..

Maintenant, dans la petite ville de mes croyances..

Maintenant tentant d'empoisonner mes racines...

Halte !

Cessez d'être de telles créatures arachnéennes.

Je te veux loin

Très loin

Allez-y !

Vous ,Traitres à

l'avenir de la vie.

Vous n'arrêtez pas, je le sais..

Alors je n'arrêterai pas non plus,

De vous combattre,

De me dresser contre vous.

Vous êtes les pauvres petasses

dont coule de l'infection et la moisissures

de vos jambes et de vos seins.

partout où vous allez

Loin de mes villes,

Quittez les grandes cités,

Gardez vos distances

de ma Demeure

Mon Pays,

Dites simplement vos adieux,

et ne revenez jamais.

Dites vos adieux,

À notre planète entière

Vous, les petasses mordantes,

tirés à quatre épingles...

25/08/2007

Anvers

سحرگه فردا

شبی دیگر و شهری در خواب

آه! چشمان من سالهاست با کرختی او نا آشناست

تبی دیگر و شعری در خون

سینه ریز رگ شب آویخته بر گردنهاست

و تن خسته در این مسلخگاه

سالهاست که رنجوروار

تن را تنها پلی ست

از گذشته سربین

به باغ آینده

به دمی

تنها آنی دگر

که تا سحرگه فرداست

1989

Bruxelles

Tomorrow's Sunrise

Another night
And the entire city
Is in deep sleep
Sigh..

These many years
My eyes are no longer aquainted
With its numbness..

Another fever
Another poem in the blood
is hanging over the neck of the night
like its jewls..

And a shattered body
within this slaughterhouse,
is there, for many years...
Hurt
Where the body
Is the only bridge
from the past
and all its darkest secrets
to the garden of future.

Just a breath..
Just a moment..
Until tomorrow's sunrise.

1989

Bruxelles

À l'aube de demain

Une autre nuit

Et la ville entière

Est dans un profond sommeil

Oh,

Ces nombreuses années

Mes yeux ne savent plus

Son engourdissement..

Une autre fièvre

et tout Un poème dans le sang

est suspendu au cou de la nuit

cette cascade de joyaux!

Et un corps brisé

dans cet abattoir,

est là, depuis de nombreuses années...

Blessé

Où le corps

Est le seul pont

du passé

et de tous ses secrets les plus sombres

vers le jardin de l'avenir.

Juste un souffle..

Juste un instant..

Jusqu'à l'aube de demain.

25/08/2007

Anvers

در مدح برنج

دانه عاشق

مستانه میشکافت

دل خاک را

تا رو به سوی خورشید فروزان

خود

رو کند گوهر نشاط آورش را

در انتظار وصلتی شایان.

و انسان بی تفاوت

سگوارانه میدرید

قلب برنج را

خشم خورشید نثارتان

04/07/1978

Bruxelles

To Praise 'Rice'

The seed,

Opens up through the earth

As though drunk with love,

So to stretch towards the shining sun

The seed of rice

will show you

its jewel

that brings only happiness all around

in the hope

of finding love

Perhaps...

And there stands,

the Man,

Indifferent,

mournfully harvest

the very heart of the rice..

I wish you the wrath

of the sun...

04/07/1978

Bruxelles

Louange au "Riz"

La graine d'amour

S'ouvrira à travers la terre

Comme un ivre mort

Pour s'étirer vers le soleil brillant

dans l'attente

d'un parfait mariage

Peut-être...

En suite,

vient l'homme,

indifferent

qui comme un chien

déchiquette

le cœur de riz!

que le colère du soleil

vous frappe.

04/07/1988

Bruxelles

زندگی چشم

دوست داشتن در یک آن؟

خوشبخت

بودن یا نبودن

در آن آن؟

بخود میگویم فلانی

شاید زندگی همین باشد

مثل سقوط برگی از شاخه ای

در یک آن.

پس خود آیا

دروغی بیش نیست

زندگی برگ

قبل و بعد از مرگ؟

پس خود آیا

از چه روست که چشمی را نیست

تاب دیدن و نگریستن

ماجراهای برگ و باد را

که به سقوط برگ انجامید؟

آه، گریستن؟

سقوط اشک در آن بعد؟

این گواهی ست بر زندگی چشم

برای برگ.

دوستت دارم برگ

دوستت دارم اشک.

19/09/1987

Bruxelles

The very Life of our Eyes

Falling in Love

At first sight

Being happy

or not...

At that very time

I ask myself, hey!

May be

This is what life

Is about?

Like falling of a leaf

From the tree-branch,

just in one instance,

am I just a lie?

The life of a leaf,

before and after its death...

So how am I not able

to look

and cry

Over the dreams and life

of the leaf?

Ah... Crying?

Crying and then?

It is to show

that our eyes have lived

for the leaf...

I love you leaf.

I love you tear.

19/09/1987

Bruxelles

La vie même de nos yeux,

Tomber amoureux
Au premier regard?
Être ou ne pas être
heureux
À ce moment précis là?
Je me demande bien, hé !
Peut-être
Est-ce cela la vie
Vraiment!
Comme la chute d'une feuille
De la branche de l'arbre,
juste en un seul instant,
Alors n'est il qu'un mensonge
La vie de la feuille,
avant et après sa mort?
Alors comment ne suis-je pas capable
de regarder
et de pleurer
Sur les rêves et la vie
de la feuille ?
Ah... Pleurer ?
la chute des larmes?
ce dont
est un témoignage
de la vie même de nos yeux
pour la feuille...
Je vous aime la feuille.
Je vous aime les larmes.

04/07/1988
Bruxelles

شعر مرگ من

هنگام مرگ من

که فرا رسد

برف خواهد بارید

به نرمی و آرامی

همانگونه که هنگام میلادم

آنچنان که مادرم میگفت

هنگام مرگ من

دگر از قارقار مستانه زاغ ها نیز خبری نخواهد بود

اما عشق جاودان من

در دل خواهد خندید.

همان خنده هایی که اینچنین

دوست میداشتم و

دارم و

خواهم داشت

چرا که عشق نیز هرگز جاودانه نبود

بی تو یا بی من.

تنها صدای ناقوس کلیساهاست

که بگوش میرسد

و گورستان پشت آن

که مرا بخود فرامیخواند

هنگام مرگ من

که فرا رسد.

12/10/2011

Bruxelles

The Poem of my Death

When the moment of
My death
Is finally here..
It would snow
Slowly and softly,
just as when I was born.
Just as mum once said..

When the moment of
My death
Is finally here...
There would not be
Drunken like singing of crows.
Yet,
my forever love,
will laugh
from the heart.
The laughter that I always loved
I still love
and I will always love.
As the love, it seems,
was not forever,
without you or without me..
There is only a sound
of church-bells.
And the graveyard nearby,
that calls me to itself,
when the moment of
my death,
is finally here..

12/10/2011
Bruxelles

Le Poème de ma Mort.

Quand le moment de
Ma mort
Sera enfin là..
Il va neiger,
Lentement et doucement,
comme quand je suis né.
Juste comme maman l'a dit un jour..
Quand le moment de
Ma mort
Sera enfin là...
Il n'y aurait plus
Même
Le chant ivre des corbeaux.
Pourtant,
mon amour éternel,
rire
de tout son cœur.
Le rire que j'ai toujours aimé
J'aime encore
et j'aimerai toujours.
Car l'amour, semble-t-il,
n'était pas éternel,
sans toi ou sans moi..
Il n'y a qu'un chant
de cloches d'église.
Et le cimetière voisin,
qui m'appelle vers lui.
quand le moment de
ma mort,
sera enfin là..

21/10/2011
Bruxelles

در مدح جناب دادخواه گرامی

ای به بر من

رفتی تو

ز بر من

2012

Bruxelles

In the praise of honorable Dadkhah

Ah you were right

Suddenly

you left me

By my side..

From my side..

2012

Bruxelles

Louange à l'honorable défunt:Mr Dadkhah.

Ah tu avais raison

Soudain

tu nous as quitté

de nos côtés..

Puis loin de nous..

Ah!

2012

Bruxelles

به مریمم، مرهمم

تو لایق زیباترین سروده هایی

هنگامی که زیباترین سروده ها نیز

لایق تو نیستند.

تو لایق زیباترین پرده های نقاشی

با گرد زرد لاله ها

آنچنان که تو میخواستی

و صدای زیبایت

همچون نامی که نقاش

برای آن پرده انتخاب میکند.

گفتی مرا ببخش و رفتی

و من نگفتم که تو نیز مرا و

درخود بهت زده ماندم

با نگاه خود همراهیت کردم عطر بدنت را

تا در پس کوچه گم گشتی و من

همچنان گشته ی گل بوسه هایت

که بر لبانم شکفت

چون راز جاودانگیت

سر به مهر

در پس کوچه ها.

بگو آیا تن خسته و پردردم

لایق اینهمه ستایش بود؟

مریم جان! تنهایی را به خود راه مده

حتی من تنها را!درب ها را

به روی من تنها ببند

چرا که من هیچگاه به خود نیاندیشیدم

که از درب باز وارد شوم

ولی از روی باز! چرا! نگو

،که من از آسمانها برایت آمده ام

اما تو

چرا

چرا

چرا!

04/10/2007

Bruxelles

To Mary, My Savior, My Relief

You

Deserve the most beautiful

of songs written,

at the time when

the most beautiful of songs,

do not deserve you...

You deserve the loveliest

portraits

with a plain

of yellow tulips,

the way you wanted.

And your sonorous voice

just as a name that

an artist

choses

for the portrait

said forgive me and left...

And I didn't say

I was left there,

In shock

With my eyes,

I followed your scent

leaving,

until I lost your sight,

at the corner of the street..

And I,

Keep on thirsty for the kisses

that were planted on my lips

like the secret of

your youth

in the corner

of the streets..

Please,

just say...

If my aching body,

was worthy of so much praise?

My dear Mary...

Do not let loneliness

Within your life.

I will take on the loneliness,

so, you may never.

I will not think of myself..

I have come for you,

from the heavens.

But you...

Why,

why,

why?

04/10/2007

Bruxelles

À Marie, Ma Sauveuse, Mon Soulagement

Oh,Toi Marie

Mérite les plus belles

chansons écrites,

au moment où

les plus belles des chansons du monde,

ne suffisent pas

pour monter ta beauté

corps et âme!

Tu mérites le plus charmant portrait,

fait à l'aide des polens jaunes des fleurs

comme tu le souhaitais!

Et ta voix douce,

comme un nom

qu'un artiste choisit

pour ce portrait là!

tu m'as dit pardon-moi et

t'es partit...

Et je n'ai rien dit

Je suis resté là,

En état de choc

Avec mes yeux,

J'ai suivi ton parfum

s'éloignant,

jusqu'à ce que je te perde de vue,

au coin de la rue..

Et moi,

je reste assoiffé des baisers

qui furent plantés sur mes lèvres

comme le secret de

ta jeunesse

au coin

des rues..

S'il te plaît,

dis-moi seulement...

Si mon corps endolori,

était digne de tant d'éloges ?

Ma chère Marie...

Ne laisse pas la solitude

Entrer dans ta vie.

J'endosse la solitude,

pour que tu ne le fasses jamais.

Je ne penserai pas à moi..

Ne me dit pas

Être tombé des cieux,

pour toi,

Mais toi

ci,

ci,

ci!

04/10/2007

Bruxelles

در سوگ شارل آزناوور

آه ای جاودانگی

قربانی دگر

فرزندی در آغوش مادرش

به تو پیوست

او را بخوبی

هم آنگونه که خود شایسته میدانی

پزیرا باش چرا که من

باز اینک

یتیمی گشتم اندک

شارل ای پدر

آنچنان که فرنگیان مینامندت

آزناووریان

ای صدای خاموش

بهوش!!!

01/10/2018

Bruxelles

In mourning of Charles Aznavour (I)

Oh you will

in eternity.

Another victim,

A child in the arms

of its mum

has joined you.

Please welcome him

the way you only know how.

because I,

Once again,

has become an orphan.

Charles, oh, 'Father',

The way the west

have named you so,

Aznavouryan,

Your voice now sileced.

Yet,

Forever awake.

01/10/2018

Bruxelles

En deuil de Charles Aznavour

Oh tu seras

dans l'éternité.

Une autre victime,

Un enfant dans les bras

de sa mère

t'a rejoint.

Accueille-le s'il te plaît

comme toi seul sait le faire.

Parce que moi,

Une fois encore,

je suis devenu orphelin.

Charles, oh, 'Père',

Aznavourian,

ou bien: Aznavour,

tel que l'occident l'a appelé.

Ta voix est désormais silencieuse.

Pourtant,

À jamais éveillée.

01/10/2018

Bruxelles

،ای تو نور هر دو دیده ام ای الیف جان

تا چشم به دنیا گشودم

تو بودی

تو.

تا پای به راه تو نهادم

تو بودی

تو.

تا دست بر التماس بردم

تو بودی

تو.

مرا ببخش

پیرانه سرم

عشق جوانی که تو بودی

تو.

شکوفه زیبای زندگانی من ای گل سرخ

الیف جان

تو هستی

تو.

ای کعبه من ای مظهر اجابت هر دعا

سالهاست مرا با تو سخنهاست

بگذار نماز عاشقی م را

به سمت تو بخوانم

تو.

2024

Bruxelles

My Inspiring Turkish girl

You are the light of my eyes,

My dearest Ellie,

form the moment,

I opened my eyes

To this world,

There was you.

Only you..

Until I stepped

in your path.

There was you,

and only you..

And when

I started to beg,

There was you,

and only you..

Forgive me.

I am old,

remembering the very love

of my youth.

You..

The blossom of my life,

oh you wonderful red rose..

Ellie dearest,

It's you,

only you..

You are the center,

the very manifestation

the ultimate answer

to all of my prayers.

There has been

so many years

I have been just talking

with the lovely you..

Now,

please just allow me

to pray my love

towards you,

and only you.

2024

Bruxelles

Ma Turque Inspiratrice

Tu es la lumière de mes yeux,

Ma très chère Ellie,

dès l'instant,

où j'ai ouvert les yeux

Sur ce monde,

Il y avait toi.

Seulement toi..

Jusqu'à ce que je marche

sur ton chemin.

Il y avait toi,

et seulement toi..

Et quand

j'ai commencé à mendier,

Il y avait toi,

et seulement toi..

Pardonnez-moi.

Je suis vieux,

je me souviens de l'amour même

de ma jeunesse.

Avec Toi..

Oh,La fleur de ma vie,

oh toi, merveilleuse rose flamboyante,

Ellie chérie,

C'est toi,

seulement toi..

Tu es le centre,

la manifestation même

la réponse ultime

à toutes mes prières.

Il y a eu

tant d'années

où je n'ai fait que parler

de toi..

Maintenant,

permets-moi juste

de prier mon amour

début vers toi,

et seulement toi.

2024

Bruxelles

پاییز جان

بور گم شو دور شو پاییز جان

از خون عاشقان است تو را

اینچنین رنگ و نشان

در چه کار بودی با دل سوخته ی ما اینهمه قرون

که از فراز آن دگر

چو تنها یاد بهار دلکشی اگر نبود

دگر عاشقی نمیماند

که تو اینچنین بریزی خونشان

13/10/2013

Bruxelles

Dear Autumn

Just get away

Take your distance

Dear Autumn...

For all your colours are

from the colour of the lovers' bleeding hearts.

What have you been doing

with our broken hearts

in all these centauries,

throughout the history.

For if there were not

the hope and the memory

of the Spring,

There would never be

another lover alive,

For you keep on

Bleeding their hearts,

For your very purpose..

13/10/2013

Bruxelles

Cher Automne!

Va-t'en simplement

Prend tes distances

Cher Automne...

toutes tes splendides couleurs proviennent

de la couleur des cœurs saignants des amants.

Qu'as-tu fait

de nos cœurs brisés

durant tous ces siècles,

à travers l'histoire?

s'il n'y avait

l'espoir et le souvenir

du Printemps même,

Il n'y aurait jamais

un autre amoureux en vie,

tu continues

De saigner leurs cœurs,

Pour ton design unique..

13/10/2013

Bruxelles

یک عدد سیب کجا اینهمه تبعید کجا؟

قصه ما

قصه دلتنگیهایمان بود و نبود

تبعیدگاه

جایگاهمان

جایی که در آن پیر گشتیم و عاقبت

عاشق یکی دو چشم غمناک

به زیبایی و رنگ دریا.

و من غم غربتم را توانستم

با غم آندو پیوندی زده باشم

تا وجود تنها فرزندم

ثمره ی این عشق پاک من باشد

عشقی یکطرفه.هه

من از شعرهای افسرده دلان بیزارم و لیک

از پس سی و اندی سال در تبعید

خود از این دلمردگی رهاییم نیست.

آه، آیا میتوان

وجود اینهمه سال را به شعری

یا به یکی هذیان درآورد و گفت

آی گرفتمت؟

ایکاش میشد

جاییکه مرغزار سرسبز تبعیدگاهت

نیست جز یکی مرگزارت

با اینهمه تلاش خود را فرو همی کنی......

بگذارین وصیت نامه من

همچو بدنم پس از مرگ خاکستری شود

در شاخاب میهنم

خلیج همیشه پارس

آه که دیگر سخنی نماند

جز آنکه

هنوز در من نفس میکشد و من

ندانم کیست؟

آنکه به من میگوید

آری دوباره بازخواهی گشت

به این دیار بی یاری

ای آنکه چشمانت به این خطوط افتاد

شاید که تو من باشی.

21/05/2018

Bruxelles

An Apple and yet, an Exile?

Our story

was the story of

longings

But not of

the place of

our exile,

the place in which

I grew old in,

and finally..

Fell in love with

a pair of sad eyes,

as beautiful as

The Ocean

And the colour of

The Sapphire..

I then, managed to

marry the sadness of

My sojourn.

With those sad, oceanic eyes,

so, the very being of

My only child

will be the fruit of

this pure blessing.

The love in vain,

Never returned,

I detest those poems and yet,

After over thirty years

there is no escaping

the heartache of exile,

Oh, is it imaginable

that I could pour all my pains,

into a poem?

Or into a delirium?

I so wished..

In a place where

the green haven of the exile

is only the place of my death,

I ponder on my Will and I see only

A grey parchment of paper

Such as my corpse,

Ashen grey..

In tribute to my homeland then,

Gule, forever Persian,

Oh, now..

I have said no words,

except that

there seem to be a creature,

breathing in me still.

I do not know who it may be?

He keeps on murmuring in my ear,

Yes, you will return again,

to your home.

You,

who are reading these lines,

you may just be me?

21/05/2018

Bruxelles

Une pomme et tant d'Exil ?

Notre histoire

était celle des désires ardentes,

Mais non pas de

la place de

notre exil,

le lieu où

j'ai vieilli,

et finalement..

Je suis tombé amoureux

d'une paire d'yeux tristes,

aussi beaux que

L'Océan

Et la couleur du

Saphir..

J'ai alors réussi à

marier la tristesse de

Mon séjour.

Avec ces yeux tristes, océaniques,

afin que l'être même de

Mon unique enfant

soit le fruit de

cette pure bénédiction.

L'amour en vain,

Jamais retourné.

Je déteste ces poèmes et pourtant,

Après plus de trente ans

il n'y a pas d'échappatoire

à la douleur de l'exil,

Oh, c'est imaginable

que je puisse verser toutes mes peines,

dans un poème ?

Ou dans un délire ?

Je l'ai tant souhaité..

Dans un lieu où

le havre verdoyant de l'exil

n'est que le lieu de ma mort.

Je médite sur mon Testament et ne vois qu'

Un parchemin gris de papier

Tel mon cadavre,

Gris cendré..

En hommage à ma patrie alors,

à jamais Persane,

Oh, maintenant..

Je n'ai dit aucun mot,

sinon qu'il me semble y avoir une créature,

respirant en moi encore.

Je ne sais qui elle peut être ?

Elle ne cesse de murmurer à mes oreilles,

Oui, tu reviendras encore,

chez toi

sur cette terre.

Toi,

qui lit ces lignes,

es-tu peut-être moi ?

21/05/2018

Bruxelles

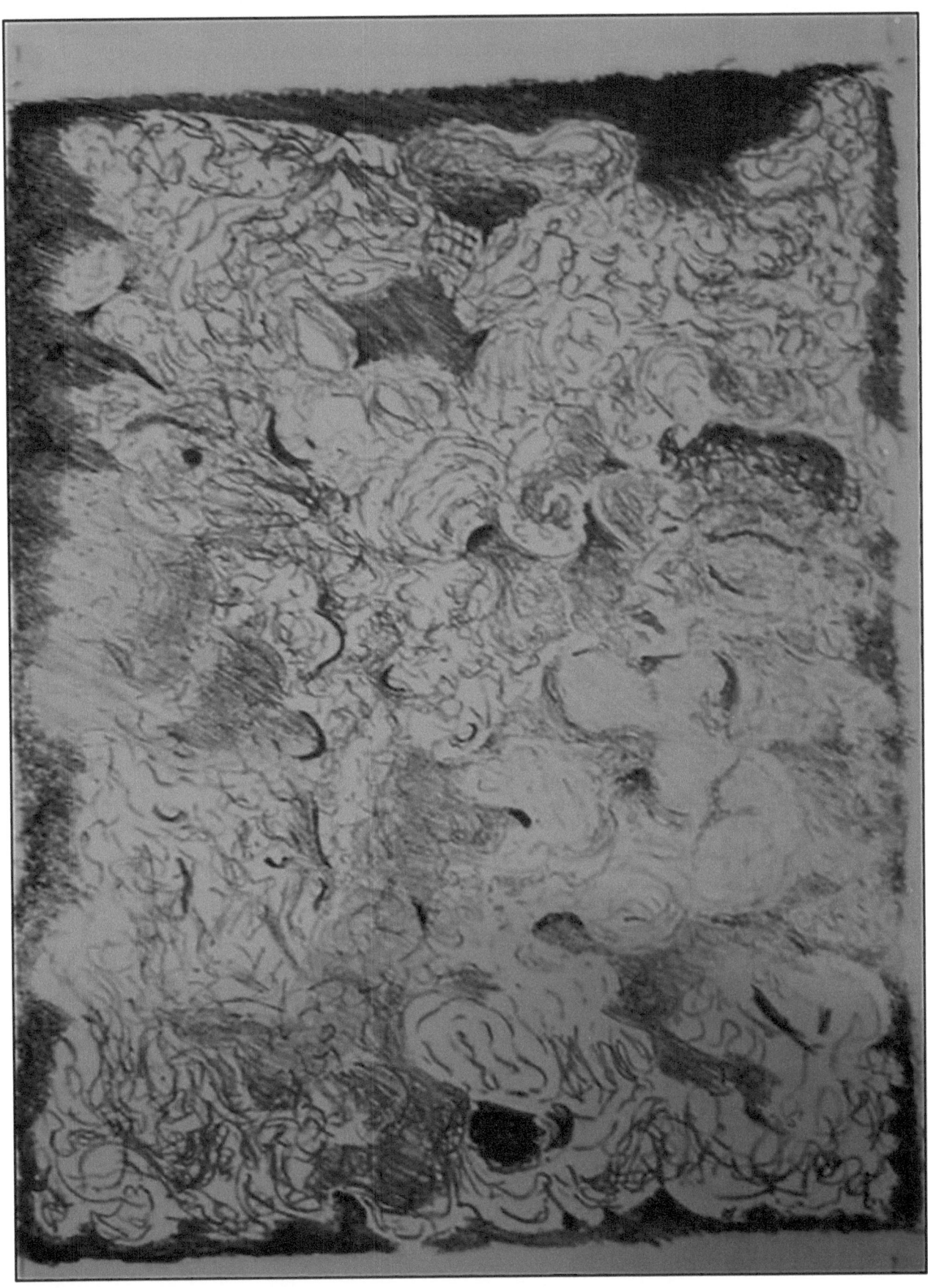

تنها عشق مجاز من

خیره در چشمان سبز جادویت

رنگ دریاها

فرو میروم در خیال عشقی مجاز

نه

خیالی نه

که مجاز است این عشق مجاز.

با تو

پیرانه سر عشق جوانی

جلوه ای دگرباره کرد.

ای آسمان و ای زمین

به شهادتتان میگیرم

که مجاز است وصلت دختر تو با من

مردی تنها از دیار ایرانزمین.

ای اهرا به من صبر ده

تا این عشق مجاز نشود

غیرمجاز.

2016

Bruxelles

Only My Love Allowed

Staring
At your mystical green eyes,
eyes the colour of the seas,
I am then, engulfed
In the dreams of a love
that is all in my mind's eyes.
No..
Not in my imagination..
It is allowed, this love
with you
at my age..
the fancy of a new love,
becomes attractive once more

Oh, all the skies
and oh, all the planets and the earth..
I hold you witness,
that is indeed allowed
the love of your daughter
with me..
A man all alone,
away from his homeland Iran,

My dear God
please give me longevity and patience
Until this love becomes
only imaginary
disallowed..

2016
Bruxelles

Mon Seul Amour Permis

Fixant

Tes yeux verts mystiques,

couleur de la mer,

Je suis alors, englouti

Dans les rêves d'un amour

qui n'est que dans les yeux de mon esprit.

Non..

Pas dans mon imagination..

Il est permis, cet amour

avec toi

à mon âge..

la fantaisie d'une nouvelle amoure,

redevient séduisante une fois de plus..

Oh, tous les cieux

et toutes les planètes et la terre..

Je vous prends à témoin,

qu'est-ce qu'il est en vérité permis

l'amour de ta fille

avec moi..

Un homme esseulé,

loin de sa patrie l'Iran!

Mon cher Dieu

je t'en prie, donne-moi longévité et patience

Jusqu'à ce que cette amoure devienne

seulement imaginaire

interdit.

2016

Bruxelles

آی گوشم آی گوشم من عاشق گوگوشم

۱= انقلاب شد

همه شده بودن

با شور انقلابی

همه سیاسی

منهم مثل همه

رفتم یه گوشه

تو حزب توده

احسان طبری زد توی گوشم

آی گوشم آی گوشم من عاشق گوگوشم.

۲=رفتم به مسجد

گفتن کافری

آیت العظمی

زد توی گوشم

آی گوشم آی گوشم من عاشق گوگوشم

۳=رفتم کلیسا

عبادت عشق

کشیش الاغ

زد توی گوشم

آی گوشم آی گوشم من عاشق گوگوشم

۴=رفتم دنیای شعر

شعر و شعور

گفتم اینجا دیگه

همه با شعورن

احمد شاملو

زد توی گوشم

آی گوشم آی گوشم من عاشق گوگوشم

۵=اومدم خارج

زندگی کنم

کار و زندگی

زن کارفرما

زد توی گوشم

آی گوشم آی گوشم من عاشق گوگوشم

۶=حالا که دیگه

همگی با هم

زون تو گوشم

با کسی دیگه

کاری ندارم

حتی با گوگوش

آی گوشم ای گوشم

گور پدر گوگوشم

07/04/2015

Bruxelles

I best only love Googoosh (2) here!

At the revolution time

Everyone had

the revolution fever..

Everyone political.

I joined 'the everyone'

Went to one corner

there was Tudeh Party (3)

After a time

It felt as though

Ehsan Tabari (4) has slapped me across the ear..

Oh dear!

I best only love Googoosh here!

Then, I went to mosques.

The Ayatollahs

Continuously,

Slapped me across the ear..

Oh dear!

I best only love Googoosh here!

Then, I went to the church,

praying to Love.

The mindless priests there

slapped me across the ear..

Oh dear!

I best only love Googoosh here!

Then, I went to the world of poetry,

poetry and ingenuity,

I was made to feel as though

everyone was far more genius and better.

 Ahmad Shamlou (5), slapped me across the ear..

Oh dear!

I best only love Googoosh here!

Then, I came to my exile.

I lived.

I worked,

and I lived.

My wife, worse than any employer,

slapped me across the ear!

Oh dear!

I best only love Googoosh here!

Now,

that everyone & anyone has slapped me across my ear,

I chose to live the life

of isolation

Even away from Googoosh!

Oh dear!

Could Googoosh be dead in here?..

07/04/2015

Bruxelles

Mieux vaut N'Aimer Que Googoosh (1) Ici !

Au temps de la révolution

Chacun avait

des idées révolutionnaires..

Chacun politisé.

Je rejoins « le chacun »

Allai dans une parti politique,

il y avait le Parti Tudeh (2)

Après un temps

Ce fut comme si

Ehsan Tabari (3) m'avait giflé à l'oreille..

Oh mon Dieu !

Mieux vaut n'aimer que Googoosh ici !

Puis, j'irai aux mosquées.

Les Ayatollahs

Continuellement,

me giflèrent à l'oreille..

Oh mon Dieu !

Mieux vaut n'aimer que Googoosh ici !

Puis, j'irai à l'église,

priant l'Amour.

Les prêtres écervelés là-bas

me giflèrent à l'oreille..

Oh mon Dieu !

Mieux vaut n'aimer que Googoosh ici !

Puis, j'allai au monde de la poésie,

poésie et ingéniosité,

Sur moi, ça me fait sentir comme si

Chacun était bien plus génial et meilleur.

Ahmad Shamlou (4), me gifla à l'oreille..

Oh mon Dieu !

Mieux vaut n'aimer que Googoosh ici !

Puis, je vais à mon exil.

J'ai vécu.

Je travaillerai,

et j'ai vécu.

c'est la femme de l'employeur,

qui me gifla à l'oreille !

Oh mon Dieu !

Mieux vaut n'aimer que Googoosh ici !

Maintenant,

que tout le monde et n'importe qui m'a giflé à l'oreille,

J'ai choisi de vivre la vie

d'isolement

Même loin de Googoosh !

Oh mon Dieu !

Googoosh serait-elle morte ici ?..

07/04/2015

Bruxelles

(1)   Googoosh, la célèbre chanteuse iranienne, l'Elvis Presley de l'Iran

(2)   parti Tudeh, communiste pro sovietique iranien

(3)   Ehsan Tabari, philosophe et dirigeant du parti Toudeh

(4)   Ahmad Shamloo, un poète iranien

چاه کن

هیولا

فرزند اهریمن

قوای تاریکیها

بعلاوه آنکه

میتونه هرکدوم از بین ما باشه.

13/04/2015

Bruxelles

Well-digger

A monster

The child of the devil

The strength of the darkness

Strange,

It could be any of us..

13/04/2015

Bruxelles

Creuseur de Puits.

Un monstre

L'enfant du diable

La force des ténèbres

Étrange,

Ça pourrait être chacun d'entre nous..

Ne creuse le puits à personne!

Tu vas tomber dedans avant d'autres.

13/04/2015

Bruxelles

عقیده، ایمان، سیمان

دگر بحثی از بودن یا نبودن نیست

چرا که بودن را انتخاب کردیم

و نبودن را آزموده

نه

تنها نبودن را نه

بل استشمام منجلابی را

نه دگر بحثی نیست

جز عشق به راه

و چشم بر قله

امید به آینده ای درخشان

بی استعمار.

2017

Bruxelles

Belief, Faith, Cement

There is no longer

The talk of

To be or Not to be..

We have all chosen To Be

And experienced Not to Be.

Yet, the stench of the swamp

that there is no longer

No discussion

Except for Love

that is on its way,

and the eyes that is on the peak,

and hope,

for a bright future,

Without colonialism.

2017

Bruxelles

Croyance, Foi, Ciment

Il n'y a plus de question

De parler

D'être ou Ne pas être..

car Nous avons tous choisi d'Être

Mais avons expérimenté de ne pas être.

Pourtant, la puanteur du marécage

où il n'y a plus

Discussion nulle

Sauf pour l'Amour

qui est en chemin,

et les yeux qui sont au sommet,

et l'espoir,

pour un avenir radieux,

Sans colonialisme.

ni sur terre,

ni au-delà!

2017

Bruxelles

(1) Charles Aznavour, French/Armenian Composer, Singer/Songwriter. 22nd May 1924 - 1st Oct 2018

(2) Googoosh was, and remains to be the top female Iranian singer in Iran from 1960s. She now lives in LA, USA.

(3) Tudeh Party is the Marxist Lenninist party of Iran.

(4) Ehsan Tabari was one of the leaders of Tudeh Party who got arrested by the Iranian Islamic government in the mid 1980s. On a televised interview, he said many things that Tudeh Party supporters were denied of those truths and hence felt betrayed.

(5) Ahmad Shamlou was an Iranian poet, writer & journalist 1925-2000. Marxist and socially minded.

(1) Charles Aznavour, Compositeur, Chanteur/Auteur-Compositeur Franco-Arménien. 22 Mai 1924 - 1er Oct 2018

(2) Googoosh était, et demeure la chanteuse iranienne la plus populaire en Iran depuis les années 1960. Elle vit maintenant à Los Angeles, États-Unis.

(3) Le Parti Tudeh est le parti marxiste-léniniste d'Iran.

(4) Ehsan Tabari était l'un des dirigeants du Parti Tudeh qui fut arrêté par le gouvernement islamique iranien au milieu des années 1980. Lors d'une interview télévisée, il dit de nombreuses choses dont les partisans du Parti Tudeh niaient la véracité et se sentirent ainsi trahis.

(5) Ahmad Shamlou était un poète, écrivain et journaliste iranien 1925-2000. Marxiste et socialement engagé.